....
....
....
....
....
....
....
....
....
....
....
....
....
....
....
....
....
....
....
....
....
....
....
....
....
....
....

www.ingramcontent.com/pod-product-compliance
Lightning Source LLC
Chambersburg PA
CBHW030333230426
43661CB00040B/1479/J
* 9 7 8 1 9 5 1 3 7 3 1 3 9 *